sān gè nán guā
三个南瓜

Three little pumpkins.

sì gè wǔ gè
四 个, 五 个
Four little, five little

liù gè nán guā
六 个 南 瓜
Six little pumpkins.

qī gè bā gè
七个,八个
seven little, eight little

jiǔ gè nán guā
九个南瓜

Nine little pumpkins.

shí gè nán guā
十个南瓜

Ten little pumpkins.

wǒ men yī qǐ dú
我们一起读
Let's read!

yī	èr
一	二

sān	sì	wǔ
三	四	五

Wǒ men yī qǐ dú
我们一起读
Let's read!

liù
六

qī
七

bā
八

jiǔ
九

shí
十

Wǒ men yī qǐ chàng
我们一起唱
Let's sing!

yí ge liǎng ge, sān ge nán guā
一个两个，三个南瓜

sì ge wǔ ge, liù ge nán guā
四个五个，六个南瓜

qī ge bā ge, jiǔ ge nán guā
七个八个，九个南瓜

shí ge nán guā
十个南瓜

zuò chéng pài
做成派！

Mymspanda.com
Copyright© 2020 Qiuting Fan
All rights reserved

Made in the USA
Middletown, DE
28 December 2020